おやつ作りの前に

- この本で使用している大さじ1は15㎖、小さじ1は5㎖です。
- 分量は一度に作りやすい量のため、少し余る場合があります。
- お餅を手で成形する際は、しっかり洗い、消毒してから作業してください。気になる場合はビニール手袋などを利用ください。
- 米粉と水を混ぜて餅生地を作る工程で水分を加える際は、大さじ½ずつ加えると調整しやすくなります。

はじめに

　　はじめて韓国餅を食べたのは2009年の日本でした。

　　バリスタとして食の専門学校に勤務していた時、隣の建物で大きな蒸し器を使っている様子がいつも見えていました。

　　最初は中華菓子を作っているのかと思っていましたが、時折韓服姿（当時はそれが韓服ということも知りませんでした）が見えて、ますます気になって足を運ぶと「韓国餅カフェ　パラム」という看板が立っていました（現在は閉店）。のちに私が勤めることになる韓国料理の学校「趙善玉料理研究院」が経営していたお店でした。

　　店内に入ると韓国らしい色合いの布や置物が目に飛び込んできます。メニューには「ホバクソルギ」という名前のお菓子。どんな材料で作られたものか全く見当がつきませんでしたが、注文してみると黄色い正方形の蒸しケーキのようなものが出てきました。一口食べるとふわっと蒸しパンのような食感と、もっちりした軽羹（かるかん）のような、餅のような…。表現するのが難しい、初めての食感でした。味はやや塩味があり、甘さは控えめ。噛むほどにカボチャの味を感じる、優しくてどこか懐かしい味。それが私と韓国餅との運命の出会いでした。それからずっと韓国餅を作り続けています。

　　私がここまで韓国餅にハマったのは、おいしさはもちろんのこと、韓国人の人生を感じられる食べ物であるというところが大きいかもしれません。歴史ある伝統的な食べ物でありながら、時代に合わせて変化する柔軟性を持ち合わせる韓国餅。

　　韓国餅を学びながら韓国の歴史と韓国人の心を知りました。

　　日本と同じ米文化ということもあり、使う材料も似ているものが多いので、食べ馴染みを感じる方も少なくないと思います。

　　最近ではグルテンフリーの観点からも注目されています。

　　是非気に入ったレシピの韓国餅を作って、好きな人と分け合いながら、楽しい時間を過ごしていただけたら幸いです。

　　韓国餅は幸せの象徴なので。

野原由美

韓国の餅によせて

韓国の市場を歩いていると、突然目の前に、真っ白い湯気がもうもうと流れ出てくることがあります。そこはどの市場にも必ずある、お餅の専門店。韓国語では「トクチプ（餅店）」と呼んで、ひとつの市場だけでも数軒はありますし、規模の大きな市場であればトクチプばかりがずらりと並んでいることもあります。

その店頭で蒸し器のふたを開いたり、できたての蒸し餅をどさっと広げたりした瞬間、真っ白い湯気はほんのり甘い香りをともなって一面にあふれるのです。ああ、お米を蒸した香りって、なぜこんなにも心をくすぐるのでしょう。

ひと息置いて湯気が晴れると、店頭に見えるのは色とりどりのお餅。先ほどの湯気のように真っ白なお餅もありますが、明るい黄色や、濃い緑、ピンク、赤みを帯びた紫など、今度はそのカラフルさに目を奪われます。形状も、丸かったり、半月型だったり、棒状だったり、層状になっていたり、ケーキのようだったり。作り方もいろいろで、蒸し餅、つき餅、焼き餅、白玉のように茹でるお餅、そして甘いおこわもお餅の種類に含まれます。

ひと口にお餅と言ってもいろいろで、日本のものと比べてもだいぶ違いますが、それでもどこか親近感を覚える部分があるようです。

韓国の市場で見かけることができるお餅の専門店、トクチプ。パックされたインジョルミやソンピョンなど、さまざまな餅が売られている。

八田靖史

コリアン・フード・コラムニスト

日本と韓国は隣国だけに、とても似ている食文化を持っています。お米を主食とするのは、もっとも大きなひとつ。日本語の「ごはん」は「炊いたお米」の意味にも、「食事」の意味にも使いますが、韓国語の「パプ（ごはん）」も同じです。ごはんに汁ものを添えて、数品の副菜を並べるのがポピュラーな食卓の姿。現代ではパンや麺も日常的に食べますが、ごはんを食べてこそ食事との感覚は日韓で共通します。

その歴史を振り返ってもたいへん古く、朝鮮半島で本格的に稲作が始まるのは、紀元前15〜10世紀ぐらいからとも、それ以前からとも言われます。文献上の記録を紐解くと、歴史書の『三国史記』には、高句麗の大武神王4年（西暦21年）に鼎（かなえ）で炊飯をした話が載っています。ごはんの歴史は、国の歴史そのものと言ってもよいぐらいですが、それでもお米はずいぶん長いこと貴重品で、庶民にとっては麦、アワ、キビなどの雑穀や、豆、トウモロコシ、ジャガイモ、サツマイモなどが身近な存在でした。

そのため、お米やもち米を用いて作るお餅は、特別な日のご馳走として発達しました。日本でも正月に雑煮を食べる習慣がありますが、韓国でも同じく「ソルラル（旧正月）」には「トッククッ（p.77）」という韓国式の雑煮を食べます。うるち米で作った「カレトック（p.74）」という棒状の餅をななめにスライスし、牛肉や鶏肉などでとったスープに入れて食べます。棒状に作るのは長寿を、ななめに切った小判型の形は富裕を象徴しています。

朝鮮時代の1849年に書かれた『東国歳時記』を見ると、年齢を尋ねる際に「トッククッを何杯食べたか？」という表現を用いることが書かれています。韓国では最近まで数え年を主に使っていましたので、旧正月に全員がいっせいに年を取りました。その日の朝には必ずトッククッを食べるので、それを食べた数はすなわち年齢を表すという意味です。

ほかにも、サムジンナル（陰暦3月3日）にはツツジの花を載せて焼いた「ファジョン（ツツジの花餅、p.52）」を、端午節（タノジョル、陰暦5月5日）には草餅風の「スリチュィトク（チョウセンヤマボクチ餅）」を、秋夕（チュソク、陰暦8月15日）には松葉と一緒に蒸して作る「ソンピョン（松葉餅、p.64）」を、重陽節（チュンヤンジョル、陰暦9月9日）には菊の花を載せた焼き餅の「クックァジョン（菊花餅）」をと、季節の節目ごとにいろいろなお餅を作って食べる習慣があります。

また、子どもが生まれて三七日（サムチリル、21日目）、百日（ペギル、100日目）、トル（1歳の誕生日）といった節目には、ペクソルギ（真っ白い蒸し餅、長寿を象徴、p.34）や、ススパットク（アズキキビ餅、厄除け）、ソンピョン（松葉餅、優秀さを象徴）、インジョルミ（きな粉餅、健康を象徴、p.14）といったお餅を作って祝います。結婚式の祝い膳や、祖先を祀る祭祀膳にもお餅は欠かせないので、言うなれば長い人生にずっと同伴する存在だと言えます。

その一方で、韓国のお餅は日常の手軽なおやつとしても活躍します。市場などで買ったものをつまむほか、町中には柚子茶、ナツメ茶、ショウガ茶、高麗人参茶、五味子茶、韓方茶といった伝統茶を出すお店があるので、そこでゆったり手作りのお餅を味わうこともできます。

ペクソルギや、「ホバクソルギ（カボチャの蒸し餅）」などの「ソルギトク（蒸し餅）」は、ふんわりとした食感が持ち味で、蒸しパンのようでもあり、もっちりとしたスポンジケーキのようでもあります。これをベースにデコレーションを加え、洋風のケーキみたいに仕立てることもありますし、近年はあんフラワーをあしらうのも人気です。

ススパットクや、「パッシルトック（アズキの蒸し餅、p.42）」といったアズキのお餅は、日本のあんこほどに甘くないので、最初のひと口は驚くかもしれません。淡い甘味と、豆本来の味わいを楽しむお餅と考えてもよいでしょう。

ひと口大のソンピョンは、中に砂糖やゴマ、豆、アズキなどのあんが入っていて、噛むごとにいろいろな甘さを楽しめます。インジョルミは日本のきな粉餅とそっくりですが、きな粉だけでなく黒ゴマや、エゴマの粉、あるいはカステラの粉をまぶして作るものもあってバリエーションが豊富です。

ちょっとしたお茶請けには、雑煮のくだりで出てきたカレトック（棒状のお餅）を、ちょっと炙ってはちみつにつけて食べるのもおすすめです。

また、おやつといえば、そのカレトックを甘辛いコチュジャンや水飴のタレで炒め煮にした「トッポギ（甘辛の餅炒め、p.75）」を忘れてはいけません。韓国では定番の屋台料理として親しまれ、ちょっと小腹が空いたときに、ふらっと入ってつまめる手軽さから「国民的おやつ」と呼ばれるほど老若男女から愛されています。町中には専門店もたくさんありますし、家庭用として電子レンジ調理できる手軽な商品も売られています。

ほかにも、カレトックを串に刺して甘辛いタレを絡めた「トッコチ（p.75）」や、お餅とソーセージを交互に串に刺して焼いた「ソトクソトク」、串に刺しておでんダネのひとつにした「ムルトック（p.76）」など、いずれも屋台で味わえるファストフードとして人気です。

近年はオシャレなカフェでお餅や伝統菓子を提供する店も増えてきました。2010年代のはじめぐらいからのトレンドですが、伝統的な食文化を振り返ったうえで、外国の食材や調味料、調理技術、盛り付けなどを取り入れつつ、新たなものに作り替える工夫が盛んに行われています。お餅や韓菓の世界では、洋菓子や日本の和菓子などと融合させながら、新しい味わいが日々模索されている状況です。

中でもソルギトクはその代表格で、ブルーベリー味、アールグレイ味などの新しいテイストが試されたり、ロールケーキや、ティラミス風に仕上げて

みたり、あんバターをサンドしてみるなど、斬新なアイデアが満載で日々の進化に驚かされます。

かと思えば、昔ながらのきな粉、ヨモギ、アズキ、黒ゴマ、黒豆といった素材も人気が高く、こちらの一見懐かしいようなテイストは「ハルメニアル」と総称されて注目を集めています。ハルメニアルとは「ハルメ（おばあちゃん）」と「ミレニアル世代（80年代初～90年代半ば生まれ）」の合成語で、トレンドに敏感で消費の盛んな20～30代が、おばあちゃんの好みそうなテイストを求めている現象を指しています。

長い歴史があって韓国の食文化に深く根付いているお餅ですが、決して古くさいものではなく、現在進行形でたくさんの人たちが磨き上げている最先端のスイーツでもあります。昔ながらのよさに触れるのもよし、新しい感性に驚くのもよし。どの視点からも魅力的な韓国のお餅に、みなさんもぜひハマってみてください。

八田靖史

コリアン・フード・コラムニスト。慶尚北道、および慶尚北道栄州（ヨンジュ）市広報大使。ハングル能力検定協会理事。1999年より韓国に留学し、韓国料理の魅力にどっぷりとハマる。韓国料理の魅力を伝えるべく、2001年より雑誌、新聞、WEBで執筆活動を開始。トークイベントや講演のほか、企業向けのアドバイザー、韓国グルメツアーのプロデュースも行う。著書に『韓国行ったらこれ食べよう！』『韓国かあさんの味とレシピ』（誠文堂新光社）、『あの名シーンを食べる！ 韓国ドラマ食堂』（イースト・プレス）、『韓食留学1999 コリアン・フード・コラムニストのできるまで』（クリエイティブパル）ほか、『目からウロコのハングル練習帳 改訂版』（学研プラス）などの韓国語テキストも多数。

https://www.kansyoku-life.com/
YouTube「八田靖史の韓食動画」を運営。
https://www.youtube.com/@yasushi_hatta

米粉

お餅の基本となる材料。伝統的な作り方は生の米をすりこぎで細かく潰してから餅にしますが、本書では米粉を使ったレシピを紹介します。使う粉によってできあがりの食感も変わります。

本場の味をたのしみたいときに

手軽に入手できる米粉で作りたいときに

韓国の伝統的な米粉

一般的な米粉

韓国の伝統的な米粉

韓国の昔ながらの製粉方法で作られた米粉。米を水に浸してから、そのまま製粉します。水分量が高く日持ちしないので、早めに使い切るか冷凍庫での保存が必須。韓国では自宅で餅を手作りする際は餅屋さんに製粉してもらうのが一般的。韓国料理界では「湿式米粉」と呼ばれることもあります。
→「韓国米粉が買えるショップリスト」はp.79参照。

一般的な米粉

製粉した米粉を乾燥させてから販売しているもの。日持ちするので入手性が高いのが特徴。一般的に販売されている製菓用米粉のことです。日本にある韓国食品スーパーで販売されている米粉でも、保存方法などに特別な明記がないものはこちらに該当します。

本書では、日本で入手できる一般的な米粉のレシピをメインに掲載しています。
韓国の米粉で作る場合は、レシピ内のマーカー部分を部分に置き換えてご利用ください。

〈韓国米粉で作るときは…〉
Ⓐ ⦿ 米粉…300g
韓 ⦿ 塩…3g
⦿ 水（常温）…大さじ2〜3

入手性の高い
製菓用米粉

製菓用米粉として売られている
ものは、各種メーカーからさまざ
まな商品が出ています。

ほかにも下記のような粉があります。

もち粉

もち米が原料。白玉粉と似た用
途のほか、あられやおかきなど
に用いられる。

上新粉

うるち米が原料。だんごやせん
べいなどの米菓に用いられる。

白玉粉

もち米が原料。だんご、ぎゅうひ
などに用いられる。

黒米粉

黒米や紫黒米が原料。本書
ではムファグァフンミチャルトック
(p.32)で使用。

(一般的な粉の原料)※メーカーによって異なる場合もあります

米粉以外の基本の材料

ごま油

韓国餅の特徴は、餅の上に薄くご
ま油が塗ってあるところ。油は火を
通さずに直接口に入れるものもあ
るので、日本で入手できるものでは
「カドヤの純正ごま油」が香りがほ
どよく、おすすめ。

塩

精製塩より自然塩の方がまろ
やかな塩味で餅に向いていま
す。本書では主に粒子の細か
い天然の岩塩を使用していま
す。

グラニュー糖

一般的なものでOK。レシピに
よって入れるものと入れないも
のがあり、三温糖などを使うこ
とも。

蒸し器

二段型の蒸し器やせいろ、小型の折りたたみ式蒸し器などなんでもOK。作りたいレシピの分量に合わせてお好みの蒸し器を選びましょう。

韓国の
蒸し器 〉

ムルソ

水釜という意味で、この上にせいろをのせて蒸し上げます。ステンレス製のものが一般的です。

シル

焼き物で作られた伝統的な蒸し器。底に大きめの穴が数か所空いており、シルミ(p.13)を底に敷いて使用します。

蒸し器の水は
⅓〜½が目安

半分以上の水を入れると餅生地の下部に水があたり、ベチャベチャになります。

フタは必ず
ふきんで包む

ふきんを使わないと、水滴が中の餅生地に入ってしまい、きれいに蒸しあがりません。

①【こし器】粉をふるうときや固体や液体をこす際に使う。

②【ボウル】粉をこねたり、色粉を混ぜる際に使う。

③【バット】調理の合間に餅を置いたりなど、複数枚あると便利。

④【キッチンスケール】0.1g単位で計量できるものを選ぶ。

⑤【シリコンマット】餅生地を出してこねるのに使う。まな板の上にラップを掛けても代用可能。

⑥【カード】蒸し器から餅生地を出す際や餅を切るのに使用する。

⑦【マジパンスティック】餅を成形するのに用いる。市販品にはさまざまなタイプがあるので、数種類揃えておくと便利。

⑧【めん棒】餅生地を伸ばすのに使う。

⑨【ハケ】餅にごま油などを塗る際に使う。

⑩【ふきん】蒸し器のフタを包む際やシルミの代わりに使う。

⑪【軍手・ビニール手袋】餅をこねる際に使う。蒸したての餅は熱いので、必ず軍手とビニール手袋を二枚重ねてやけどを防ぐ。

⑫【シルミ】蒸し器の底に敷くシート。濡れふきんでも代用可能。

⑬【製菓用型】丸やパウンド型（底なしタイプ）など、作りたいレシピに合わせて。

保存方法

日持ち	基本は蒸したてを。日本のお餅と同じです。固くなる前に食べ切りましょう。
冷凍	2〜3週間。ただし、どんどん乾燥してしまうのでできるだけ早めにお召し上がりください。
解凍方法	500Wの電子レンジで20秒〜足りなければ指で触って弾力が出るまで10秒ずつ加熱を。

韓国餅はこんなときにぴったり！

栄養価が高く、腹持ちが良いので、おやつだけでなくさまざまなシーンにおすすめです。

【朝ごはん】
糖質をしっかりチャージ！

【携行食として】
持ち歩けるのでアウトドアやキャンプにも最適。

【残業のおともに】
職場の冷凍庫に入れてレンジで解凍！

【映画館】
お餅は体内の水分を吸収するという説が巷で話題に。トイレに行きたくなってしまう人は試してみる価値あり。

1

こねる餅

치는 떡

日本でも名前を耳にすることが多い
インジョルミのような
韓国餅らしい食感がたのしめるお餅です。

蒸したての餅を手で力強くこねる餅。
熱いうちにしっかりと手早くこねること
で、韓国餅ならではの弾力ある食感
が生まれます。伝統的な作り方では、
こねる代わりにすり鉢やすりこぎ棒で
餅をつきますが、本書では現代の家
庭でも作りやすいレシピを紹介します。

インジョルミ
作り方はp.16〜参照

インジョルミ

인절미

インジョルミは難しい成形がなく、シンプルで作りやすいお餅。
本書に掲載しているレシピの基本の動作がたくさん詰まっています。

〈材料〉

◆2人分
◆もち粉…120g
◆塩…1.2g
◆水（常温）…70g

◆グラニュー糖…24g
◆きな粉…20g
◆ごま油…適量

※黒ごまをまぶす場合
◆黒ごま粉…20g

［シロップ］
◆水あめ（韓国産）
　　…大さじ1.5
　（日本産の場合は半量）
◆水…大さじ2
㉿◆水（常温）…大さじ1〜2

1 ボウルにもち粉、塩を入れて下からすくうようにして混ぜ合わせる。

⟶▷

2 指で穴を中央にあけてから水大さじ1を加え、周囲の粉を水の上に
かぶせ、よく混ぜ合わせる。

3 水を含んでダマになった粉を、両手のひらですり合わせてダマをつぶす。
ダマがなくなるまで繰り返し行う。

4

片手で軽く握り、手のひらで2〜3回投げてホロリと崩れるくらいの固さにする。

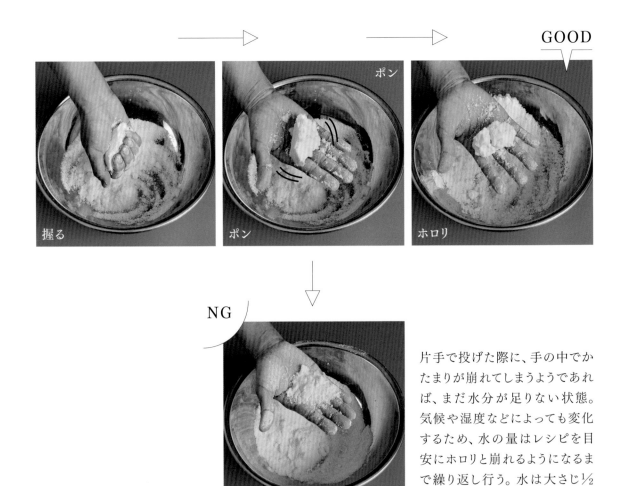

GOOD

握る

ポン

ポン

ホロリ

NG

片手で投げた際に、手の中でかたまりが崩れてしまうようであれば、まだ水分が足りない状態。気候や湿度などによっても変化するため、水の量はレシピを目安にホロリと崩れるようになるまで繰り返し行う。水は大さじ½ずつ加えると調整しやすい。

GOOD

粉と水がちょうど良い水分量になった状態。見た目は少し粗めのパルメザンチーズに近い。

5 蒸し器に水を入れて強火にかける。
蒸し器の湯が沸騰してから4にグラニュー糖を入れ、下からすくうようにして混ぜる。

6 蒸し器に濡れふきん（またはシルミ）を敷き、もち粉をすべて入れる。
このとき、指の第一関節ほどの深さの穴を数か所入れておく。
中強火で23分蒸す。

7

生地の真ん中に竹串を刺して粉っぽさがなくなっていたら火から外す。

8

軍手の上にビニール手袋をはめて、シリコンマットとカードにごま油を塗る。蒸し器から餅生地を取り出し、シリコンマットの上に出す。※シリコンマットがない場合は、まな板の上にラップを重ねてもOK。

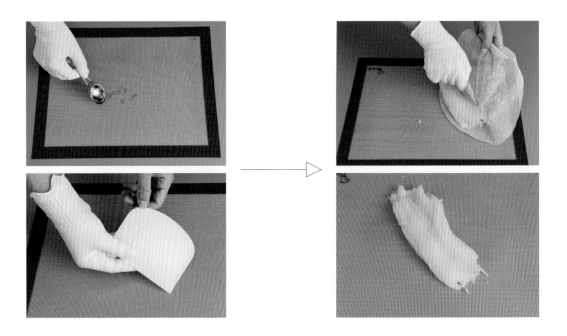

9

餅生地が熱いうちに半分にたたんでよくこねる。ひとかたまりになる
まで繰り返す(難しい場合は両手で行ってもOK)。

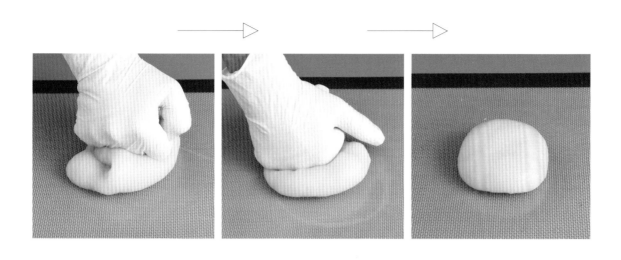

10

こねた餅を長方形に整えカードで一口サイズにカットし、きな粉や
黒ごまをたっぷりまぶしてできあがり。
※黒ごまの場合はハケでシロップを塗ってからまぶす。

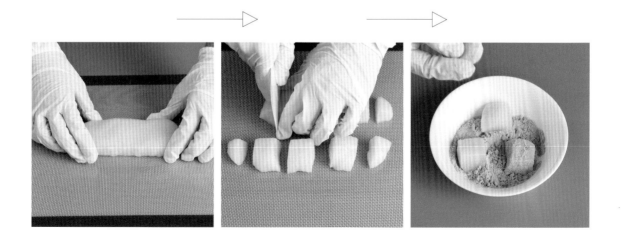

ジョルピョン

절편

シンプルな正方形のお餅に
韓国の伝統文様を型押しでプラスします。

〈材料〉

◆12〜15個(5cm角)

[ヨモギ生地]

Ⓐ
- ◆上新粉…80g
- ◆白玉粉…40g
- ◆塩…1.2g
- ◆グラニュー糖…30g

◆熱湯…60〜65g

[プレーン生地]

Ⓑ
- ◆上新粉…86g
- ◆白玉粉…43g
- ◆塩…1.3g
- ◆グラニュー糖…33g

◆熱湯…60〜70g

◆ヨモギペースト
ヨモギ粉…大さじ1
水…大さじ2

★ごま油、米油…適量

[ヨモギ生地]

Ⓐ
- ◆米粉…100g
- ◆もち粉…30g
- ◆塩…1.3g
- ◆グラニュー糖…26g

㊩
◆熱湯…大さじ1〜2

[プレーン生地]

Ⓑ[㊩ Ⓐと同量の材料
◆熱湯…大さじ2〜3

〈作り方〉

① ⒶとⒷをそれぞれ別のボウルに入れて軽く混ぜる。

② Ⓐにヨモギペーストを入れ、両手のひらをすり合わせるようにして、粉にヨモギペーストをなじませる。途中で熱湯を少しずつ加え、片手で軽く握り、手のひらで2〜3回投げてホロリと崩れるくらいの固さになるまで水分を加えてヨモギ生地を作る。
Ⓑはヨモギを入れず水のみを加えてプレーン生地を作る。

③ 蒸し器に水を入れて強火にかける。

④ 濡れふきんを敷いた鍋にヨモギ生地とプレーン生地を入れて中強火で20分蒸す。
【準備】シリコンマットとカードに★をまんべんなく塗る。

⑤ 時間になったら火を止めてシリコンマットに生地を取り出し、軍手の上にビニール手袋をはめて、熱いうちにそれぞれよくこねる。

⑥ 生地を棒状にし、めん棒で5×30cm程の長方形にする(5mm厚)。

⑦ ⑥を5cm幅に切り、トクサルやクッキースタンプで型押しし、仕上げにハケで★を塗ってできあがり。

文様の型押しに使われる「トクサル」「トクトジャン」。さまざまな文様があり、韓国の製菓材料店や市場などで購入可能。

コッジョルピョン

꽃절편

組みあめの要領でつくる、色鮮やかな花の餅。

〈材料〉

◆6〜8個(約3.5cm)

Ⓐ
- ◆米粉…165g
- ◆もち粉…85g
- ◆塩…2.5g

◆水(常温)…120〜140g

◆グラニュー糖…50g

◆紫芋粉…小さじ1½
◆カボチャ粉…小さじ⅓
◆ニンジン粉…小さじ⅓
◆ヨモギ粉…小さじ½

★米油…適量

㉔Ⓐ
- ◆米粉…195g
- ◆もち粉…55g
- ◆塩…2.5g

◆水(常温)…大さじ4

〈作り方〉

① ボウルにⒶを入れて下からすくうようにして混ぜ合わせる。

② ①に水を少しずつ加え、両手のひらで粉と水をすり合わせ、片手で軽く握り、手のひらで2〜3回投げてホロリと崩れるくらいの固さになるまで水分を加える。

③ 蒸し器に水を入れて強火にかける。湯が沸騰したら②にグラニュー糖を加え混ぜ合わせる。

④ 蒸し器に濡れふきんを敷き、③を入れ中強火で20分蒸す。時間になったら火を止め、竹串を刺して粉っぽさがなくなったら火から外す。
【準備】シリコンマットに★をまんべんなく塗る。

⑤ 軍手の上にビニール手袋をはめて熱いうちによくこねる。生地を130g、40g×2個、30g、20gずつに計量して分ける。

⑥ 130gの生地に紫芋粉、40gにカボチャ粉(X)、30gにヨモギ粉、20gにニンジン粉を入れてダマなくよくこねる。Xにもう一つの40gの餅生地を混ぜ、黄と白のマーブル状にする。

⑦ ⑥を手で伸ばし、写真のような棒状にする。

⑧ 写真のように餅を組みあめ状に積み上げ、軽く握ってひとかたまりにし、生地どうしをしっかりとつける。つきにくい場合は水を足す。

⑨ カードで⑧を1cm幅に切り、形を整える。米油を軽く塗り、花の型を押してできあがり。

紫2本(直径3cm)、マーブル2本(直径2cm)、オレンジ色1本(直径0.5cm)、緑2本(直径1cm)。

パラムトック

바람떡

白いパラムトックに4色の餅生地をのせて韓国伝統の五方色に。

〈材料〉

◆6〜7個(約5cm)

Ⓐ
- ◆米粉…170g
- ◆もち粉…90g
- ◆塩…2.6g

◆水(常温)…110〜130g

◆グラニュー糖…52g

◆クルミあん…35g

Ⓑ
- ◆ビーツ粉…1g
- ◆クチナシ粉…1g
- ◆ココア粉…小さじ½
- ◆ヨモギ粉…小さじ½

★米油…適量

韓 Ⓐ
- ◆米粉…200g
- ◆もち粉…60g
- ◆塩…2.6g

◆水(常温)…大さじ3〜4

〈作り方〉

① ボウルにⒶを入れて下からすくうようにして混ぜ合わせる。

② ①に水を加え、両手のひらで粉と水をすり合わせ、片手で軽く握り、手のひらで2〜3回投げてホロリと崩れるくらいの固さになるまで水分を加える。

③ 蒸し器に水を入れて強火にかける。
クルミあんを5gずつに丸めておく。
湯が沸騰したら②にグラニュー糖を加え混ぜ合わせる。

④ 蒸し器に濡れふきんを敷き、③を入れて中強火で22分蒸す。
【準備】シリコンマットに★をまんべんなく塗る。

⑤ 生地の真ん中に竹串を刺して粉っぽさがなくなったら火から外し、マットの上に生地を出し、熱いうちに軍手の上にビニール手袋をはめてよくこねる。

⑥ ⑤を14g×4個に分け、Ⓑをそれぞれ加えてダマにならないようによくこね合わせ、さらに2つずつに分けて計8個の生地を作る。

⑦ ⑤の残りの白生地を2つに分けてめん棒で楕円(5mm厚)に伸ばし、⑥も直径0.5cmずつの棒状に伸ばす。

パラムトック専用の型。入手が難しい場合は湯飲みやクッキー型などでも近い形を再現できる。

⑧ 白生地の真ん中に細く伸ばした4色の生地を並べ、均一に伸ばす。

⑨ 写真のように生地の内側に丸めたクルミあんをのせてたたむ。

⑩ パラムトック型を当てて手前に引き、空気が入るようにクルミあんを包み込んでできあがり。

27

コリジョルピョン

꼬리절편

カラフルな生地を組み合わせてねじり切る餅。
作る工程もたのしいお餅です。

〈材料〉

◆6〜7個(約5cm)

Ⓐ
- ◆米粉…120g
- ◆もち粉…60g
- ◆塩…1.8g

◆水(常温)…80〜85g

◆グラニュー糖…36g

- ◆百年草粉…小さじ⅙
- ◆カボチャ粉…小さじ⅙
- ◆抹茶粉…小さじ⅙
- ◆シナモン粉…小さじ⅙

★米油…適量

㉑ **Ⓐ**
- ◆米粉…140g
- ◆もち粉…40g
- ◆塩…1.8g

◆水(常温)…大さじ2〜3

〈作り方〉

① ボウルに**Ⓐ**を入れて下からすくうようにして混ぜ合わせる。

② ①に水を加え、両手のひらで粉と水をすり合わせ、片手で軽く握り、手のひらで2〜3回投げてホロリと崩れるくらいの固さになるまで水分を加える。

③ 蒸し器に水を入れて強火にかける。湯が沸騰したら②にグラニュー糖を加え混ぜ合わせる。

④ 蒸し器に濡れふきんを敷き、③を入れて中強火で22分蒸す。【準備】シリコンマットに★をまんべんなく塗る。

⑤ 生地の真ん中に竹串を刺して粉っぽさがなくなったら火から外し、マットの上に生地を出し、熱いうちに軍手の上にビニール手袋をはめてよくこねる。

⑥ 生地を15g(花飾り用)、20g×4個に分け、残った白生地は細長く成形する。

⑦ 20g、15g生地に百年草粉、別の20g生地にそれぞれカボチャ粉・抹茶粉・シナモン粉を加えてダマにならないようによくこね合わせ、菜箸程の細さまで伸ばす。

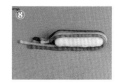

⑧ ⑦の生地の真ん中に白生地をはさみ、端を整えてからめん棒程の太さまで伸ばす。

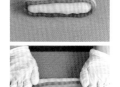

⑨ 利き手を刀のようにし、生地を上下に動かしながら一口サイズに生地を切る。

⑩ 真ん中に型で抜いた花の飾り餅を付けたらハケで米油を塗ってできあがり。

クルムトック

구름떡

餅生地の重なりが雲のように見えるのでこの名前がつきました。

〈材料〉

◆13cmパウンド型
- Ⓐ ◆もち粉…180g
  - ◆塩…1.8g
- ◆水(常温)…90g

◆ナツメ…6粒

- Ⓑ ◆黒豆煮…30g
  - ◆カボチャ種…20g
  - ◆ヒマワリ種…15g
- ◆グラニュー糖…36g

[シロップ]
- ★ ◆グラニュー糖…大さじ2
  - ◆水あめ(韓国産)…大さじ1
    (日本産の場合は大さじ½)
  - ◆水…60g

◆黒すりごま…60g
◆ごま油…適量

㉠◆水(常温)…大さじ2〜4

〈作り方〉

【下準備】
(黒豆煮)※作りやすい分量　※市販品でも代用可能。
乾燥黒豆200gを8時間水に浸けておき、鍋に黒豆と水500㎖を入れて強火で15分煮、煮汁を350㎖残し、こし器でこす。黒豆・煮汁・上白糖53g・塩小さじ¼を入れて煮汁がなくなるまで煮込む。黒豆につやが出て、やや歯ごたえがある固さに仕上げる。

(シロップ)
★をすべて鍋に入れ、ややとろみが出るまで煮込み、冷ましておく。

① ボウルにⒶを入れて下からすくうようにして混ぜ合わせる。

② ①に水を加え、両手のひらで粉と水をすり合わせ、片手で軽く握り、手のひらで2〜3回投げてホロリと崩れるくらいの固さになるまで水分を加える。

③ ペティナイフでナツメの両端を落とし、かつらむきして種を取り出し、くるくると丸めておく。

④ 蒸し器に水を入れて強火にかける。②にⒷを入れ、下からすくうように混ぜ、湯が沸騰したらグラニュー糖を加え混ぜ合わせる。

⑤ 蒸し器に濡れふきんを敷き、④を入れて中強火で22分蒸す。
【準備】シリコンマットと型にごま油を塗り、型にラップを敷く。

③

⑥ シリコンマットの上に生地を出し、熱いうちに軍手の上にビニール手袋をはめてよくこねる。

⑦ 10〜12個に切り分けた生地にシロップを軽くつけ、黒すりごまを全体にまぶして型に詰める。写真のように下段を入れたら③を横一列に並べ、さらに生地を四隅まで詰め、しっかりと密閉して冷凍庫で4〜5時間ほど固める。

⑦

⑧ 生地どうしがしっかり固まったら、半解凍の状態で断面が見えるように生地を8等分してできあがり。

ムファグァフンミチャルトック

무화과 흑미 찰떡

黒米粉のもっちり食感に、イチジクやクルミのザクザクとした歯ごたえ。

〈材料〉 ◆15cm パウンド型

Ⓐ
- ◆もち粉…200g
- ◆黒米粉…20g
- ◆塩…2.2g

◆水(常温)…85〜110g

◆干しイチジク…70g
◆グラニュー糖…45g
◆カボチャ種…20 g
◆ヒマワリ種…15g
◆生クルミ…30g
　(クルミは2〜3分ゆでで、流水でよく
　洗っておく)
◆ごま油…適量

㊩ Ⓐ
- ◆もち粉…200g
- ◆黒米粉…26g
- ◆塩…2.3g

◆水(常温)…大さじ3〜4

〈作り方〉

① ボウルにⒶを入れて下からすくうようにして混ぜ合わせる。

② ①に水を少しずつ加え、両手のひらで粉と水をすり合わせ、片手で軽く握り、手のひらで2〜3回投げてホロリと崩れるくらいの固さになるまで水分を加える。その後、こし器でこす。

③ 蒸し器に水を入れて強火にかけ、干しイチジクを約3mmの薄切りにする。

④ ②にグラニュー糖とカボチャ種・ヒマワリ種・クルミをそれぞれ⅓入れ、下からすくうようにして混ぜる。

⑤ 蒸し器に濡れふきんを敷き、濡らした型を真ん中に置き④を入れ、表面を平らにならし、③と残りのカボチャ種・ヒマワリ種・クルミを並べる。表面を整えたら型を少し揺らして隙間を作る。中強火で23分蒸し、火を止めて2分蒸らす。

⑥ 生地の真ん中に竹串を刺して粉っぽさがなくなったら型から餅を外し、表面にごま油を軽く塗る。粗熱が取れたら食べやすいサイズに切ってできあがり。

天然素材で着色

韓国餅の着色は、すべて自然のものを使います。
やさしい淡い色味を餅生地にプラスしましょう。
入れる材料の量を調整すれば、濃淡も作れます。

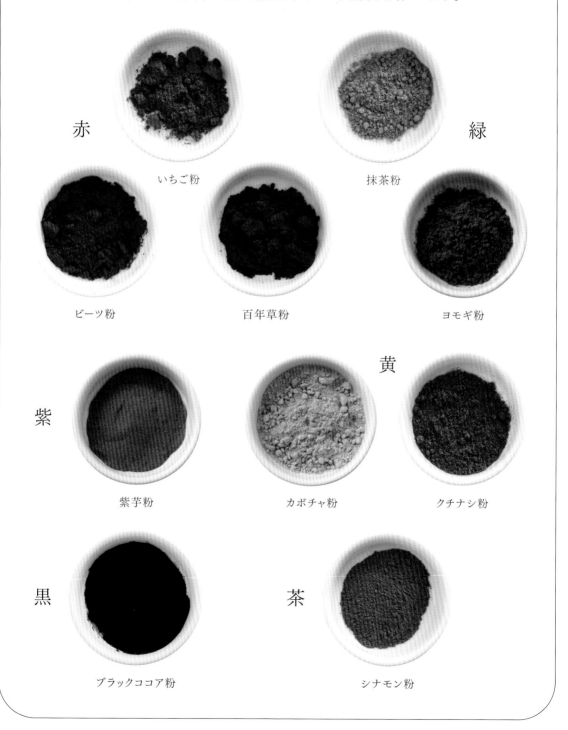

赤

いちご粉

緑

抹茶粉

ビーツ粉

百年草粉

ヨモギ粉

紫

黄

紫芋粉

カボチャ粉

クチナシ粉

黒

茶

ブラックココア粉

シナモン粉

2

蒸す餅

찌는 떡

蒸す工程が味の決め手となる韓国餅。お米の甘みを感じる、昔から愛されてきたお餅です。

ソルギやパッシルトックは、型に入れて蒸し上げるお祝いのお餅です。パッペギや栄養餅のようにおいしい素材がのったお餅も豊富で、体にやさしい味わいがたのしめます。

ペクソルギ・ブルーベリーソルギ・柚子ソルギ
作り方はp.36〜参照

真っ白な米粉ケーキ

ペクソルギ 백설기

子どもの生後100日のお祝いの場に欠かせないソルギ。
独特の食感が特徴です。

〈材料〉

◆直径12㎝型

Ⓐ
- 米粉…170g
- もち粉…60g
- 塩…2.3g
- 水（常温）…110g
- グラニュー糖…46g

㉿
Ⓐ
- 米粉…220g
- 塩…2.2g
- 水（常温）…大さじ3〜4
- グラニュー糖…44g

〈作り方〉

① ボウルに**Ⓐ**を入れて下からすくうようにして混ぜ合わせる。

② ①に水を少しずつ加え、両手のひらで粉と水をすり合わせ、片手で軽く握り、手のひらで2〜3回投げてホロリと崩れるくらいの固さになるまで水分を加える。

③ ②をこし器でこす。

④ 蒸し器に水を入れて強火にかける。湯が沸騰したら③にグラニュー糖を加え混ぜ合わせる。

⑤ 蒸し器に濡れふきんを敷き、グラニュー糖ひとつまみ（分量外）を回し入れ、蒸し器の中に濡らした型を置く。生地を入れ表面を平らにしたら型を揺らし、生地と型の間に隙間を作る。

⑥ 中強火で6分蒸し、蒸し器の中で型を外し16分蒸す。
㉿中強火で5分、蒸し器で17分。

⑦ 生地の真ん中に竹串を刺し、粉っぽさがなくなったらできあがり。

指の腹でダマをつぶすようにしてこし器でこし、なめらかな生地にする。

ブルーベリーソルギ 블루베리설기

〈材料〉

◆13×13㎝型

Ⓐ
- 米粉…220g
- もち粉…80g
- 塩…3g
- 水（常温）…150g
- グラニュー糖…45g
- ブルーベリージャム…大さじ4

㉿
Ⓐ
- 米粉…300g
- 塩…3g
- 水（常温）…大さじ2〜3

〈作り方〉

※ペクソルギとほぼ同じ工程。下記の工程を代わりに行う。

【ペクソルギ②の工程】
ブルーベリージャム大さじ2を加え、粉とジャムをすり合わせる。

【ペクソルギ⑤の工程】
生地を半量入れ表面を平らにならし、4か所にブルーベリージャムを置き、残りの生地を入れる。表面を平らにしたらペティナイフを十字に入れ、型を揺らし、生地と型の間に隙間を作る。

【ペクソルギ⑥の工程】
中強火で6分蒸し、蒸し器の中で型を外し19分蒸す。
㉿中強火で5分、蒸し器で20分。

柚子ソルギ　　　　　　　　　　　　　　　　　　　　　　　　　　유자설기

材料
◆13×13cm型
※ブルーベリーソルギと
　同じ材料

◆柚子チョン…35g
◆柚子ピール（飾り）…適宜

㊧
　※ブルーベリーソルギと
　　同じ材料
　※水（常温）…大さじ3〜4

作り方
※ペクソルギとほぼ同じ工程。下記
の工程を代わりに行う。
【ペクソルギ⑤の工程】
生地を半量入れ表面を平らになら
し、4か所に柚子チョンを置き、残
りの生地を入れる。表面を平らに
したらペティナイフを十字に入れ、
型を揺らし、生地と型の間に隙間
を作る。

【ペクソルギ⑥の工程】
ブルーベリーソルギと同様に蒸す。

｛柚子チョン｝

ジャム状の柚子チョンはソルギに入れても、
そのままお湯に溶かして柚子茶にしても。

材料
◆柚子…2個
◆塩…小さじ1
◆上白糖
　…柚子と同量

作り方
① 塩で皮を拭いた後、酢水に30分
　漬け、よく洗い水分を拭く。
② 柚子を実と皮に分け、実は絞って
　果汁にする。皮の内側の白い部
　分を包丁で取り、皮は約2mmの細
　切りにする。

③ ボウルに②（皮と果汁）、上白糖
　を入れてスプーンで軽く混ぜ、ラッ
　プをかけて冷暗所に置く。1日2
　〜3回かき混ぜる。
④ 砂糖が溶けたら煮沸消毒した瓶
　に入れ、100日置いてできあがり。

ポテサラソルギ　　　　　　　　　　　　　　　　　　　감자 샐러드 설기

材料
◆15cmパウンド型×2（2個分）

Ⓐ
　◆米粉…200g
　◆もち粉…60g
　◆塩…2.6g
　◆カレー粉…小さじ1
◆水（常温）…130g

㊧
Ⓐ
　◆米粉…260g
　◆塩…2.6g
　◆カレー粉…小さじ1
◆水（常温）…大さじ2〜3

（ポテトサラダ 300g）
◆ジャガイモ…中2個
◆ニンジン…1/3本
◆キュウリ…1/3本
◆ハム…2枚
◆マヨネーズ…大さじ5
◆塩…少々
◆コショウ…少々
◆上白糖…ひとつまみ

作り方
【下準備】
１ ジャガイモは皮をむき、ゆでて潰す。
２ ニンジン・キュウリ・ハムは小さい角切りにする。
３ １の粗熱が取れたら２とマヨネーズを入れ、混ぜる。
４ 砂糖をひとつまみ入れ、塩コショウで味を整える。
　　15×7.5cmの長方形にしてラップに包み冷蔵庫で冷やす。

※ペクソルギとほぼ同じ工程。下記の工程を代わりに行う。

【ペクソルギ⑤の工程】
生地を半量入れ表面を平らにならし、縦半分にペティナイフで切れ目
を入れて蒸す。残りの半量は別の型に同様に入れて蒸す。

【ペクソルギ⑥の工程】
中強火で7分蒸し、蒸し器の中で
型を外し18分蒸す。
㊧中強火で6分、蒸し器で19分。

【ペクソルギ⑦まで終えたら】
生地の粗熱をとり、冷やしておい
たポテトサラダをはさみ、できあ
がり。

三色ソルギ

삼색 설기

淡い色がかわいいソルギ。飾り餅（p.50）のお花をのせて。

〈材料〉

◆15㎝パウンド型

Ⓐ
- ◆米粉…190g
- ◆もち粉…50g
- ◆塩…2.4g

［白生地］
Ⓑ ◆水（常温）…35g

［赤生地］
Ⓑ
- ◆百年草粉…小さじ½
- ◆水（常温）…40g

［緑生地］
Ⓑ
- ◆ヨモギペースト
  - ヨモギ粉…小さじ½
  - 水…小さじ1
- ◆水（常温）…30g

◆グラニュー糖…45g

Ⓐ
- ◆米粉…240g
- ◆塩…2.4g

［白生地］
Ⓑ ◆水（常温）…大さじ1⅓

［赤生地］
㊏ **Ⓑ**
- ◆百年草粉…小さじ½
- ◆水（常温）…大さじ1⅓

［緑生地］
Ⓑ
- ◆ヨモギペースト
  - ヨモギ粉…小さじ½
  - 水…小さじ1
- ◆水（常温）…大さじ1⅓

〈作り方〉

① ボウルに**Ⓐ**を入れて下からすくうようにして混ぜ合わせる。

② ①を3つのボウルに三等分し、それぞれ**Ⓑ**の粉、ペーストのみを先に入れて混ぜる。
※白→赤→緑の順で粉を入れていくと手が汚れにくい。

③ ②に**Ⓑ**の水をそれぞれ少しずつ加え、両手のひらで粉と水をすり合わせ、片手で軽く握り、手のひらで2〜3回投げてホロリと崩れるくらいの固さになるまで水分を加える。

④ 蒸し器に水を入れて強火にかける。

⑤ 湯が沸騰したら③にそれぞれグラニュー糖を15gずつ加え混ぜ合わせる。

⑥ 蒸し器に濡れふきんを敷き、水で濡らした型を置き、型の中に緑→赤→白の順に生地を加えて表面を平らにならす。

⑦ 中強火で7分蒸し、蒸し器の中で型を外し18分蒸す。
㊏ 中強火で6分、蒸し器で19分。

⑧ 火を止めて2分そのままにして蒸らし、型から外す。粗熱が取れたら飾り餅をのせてできあがり。

ホバクコジソルギ

호박고지설기

カボチャ色の黄色いソルギ。
ホバクコジ（乾燥カボチャ）も家庭で作れます。

〈材料〉

◆15×15cm型

- ◆米粉…220g
- ◆もち粉…80g
- ◆塩…3g
- ◆水（常温）…150g

- ◆カボチャペースト…50g
- ◆グラニュー糖…60g

- ◆ホバクコジ（乾燥カボチャ）…4g
- ◆蒸しカボチャ（飾り用）…12個

韓 Ⓐ
- ◆米粉…300g
- ◆塩…3g
- ◆水（常温）…大さじ2〜4

〈作り方〉

【下準備】
ホバクコジは使用前に30〜40分程水に浸けて戻しておく。

【ホバクコジの作り方】
［天日干しの場合］
カボチャの皮をむき種を取って5mm厚に切り、3〜4日干す。途中何度かひっくり返し、日に当てて風を通す。
［フードドライヤーの場合］
カボチャを半日自然乾燥させてからフードドライヤー60℃で6〜8時間かけて8割程乾燥させ、その後自然乾燥を3時間行う。

① ボウルにⒶを入れて下からすくうようにして混ぜ合わせる。

② ①にカボチャペーストを加えてから水分を少しずつ入れる。両手のひらで粉と水をすり合わせ、片手で軽く握り、手のひらで2〜3回投げてホロリと崩れるくらいの固さになるまで水分を加える。

③ 蒸し器に水を入れて強火にかける。食べやすい大きさにカットしたホバクコジの水分を軽く拭きとり、②に入れて軽く混ぜる。混ぜたらグラニュー糖を入れ、下からすくうようにして混ぜ合わせる。

④ 蒸し器に濡れふきんを敷き、グラニュー糖ひとつまみ（分量外）を回し入れ、蒸し器の中に濡らした型を置く。③を入れ表面を平らにしたらペティナイフを十字に入れて型を揺らし、生地と型の間に隙間を作る。

⑤ 中強火で6分蒸し、蒸し器の中で型を外し19分蒸す。
韓 中強火で5分、蒸し器で20分。

⑥ 生地の真ん中に竹串を刺し、粉っぽさがなくなったらできあがり。

ホバクコジは、乾燥カボチャのこと。
韓国餅や韓菓などに使われます。

パッシルトック

팥시루떡

韓国の小豆煮は砂糖が少なめ。
やさしい甘塩っぱさで豆本来の味が引き立ちます。

〈材料〉

◆直径12㎝型

Ⓐ
- ◆米粉…155g
- ◆もち粉…45g
- ◆塩…2g

◆水（常温）…95g

◆グラニュー糖…40g
◆パッコムル…140g

㉿ Ⓐ
- ◆米粉…200g
- ◆塩…2g

◆水（常温）…大さじ3〜4

〈作り方〉

① ボウルにⒶを入れて下からすくうようにして混ぜ合わせる。

② ①に水を少しずつ加え、両手のひらで粉と水をすり合わせ、片手で軽く握り、手のひらで2〜3回投げてホロリと崩れるくらいの固さになるまで水分を加える。

③ ②をこし器でこす。

④ 蒸し器に水を入れて強火にかける。
湯が沸騰したら③にグラニュー糖を入れ、混ぜ合わせる。

⑤ 蒸し器に濡れふきんを敷き、水で濡らした型を置き、型の中にパッコムル55g→③（半量）→パッコムル30g→残りの③→パッコムル55gの順に入れて表面を平らにならす。型を揺らし、生地と型の間に隙間を作る。

⑥ 中強火で6分蒸し、蒸し器の中で型を外し16分蒸す。
㉿中強火で5分、蒸し器で17分。

⑦ 生地の真ん中に竹串を刺し、粉っぽさがなくなったらできあがり。

蒸す前にペティナイフで切り目を入れておくと、蒸した後もきれいな断面に。昔ながらの風習では、パッシルトックや大きなソルギは手でちぎって皿に盛り分けます。

パッコムルの作り方

〈材料〉

◆作りやすい分量（400g）

◆小豆…200g
◆塩…2.5g
◆水…800㎖

〈作り方〉

【下準備】
鍋に小豆がかぶるくらいの水（分量外）を入れ強火にかけ、沸騰したら小豆を流水で洗う（★）。

① ★と水を鍋にかけ、中火でアクを取りながら約40分煮込み、触って潰れる程になるまで煮込む。途中で必要に応じて水200㎖（分量外）を足す。ゆで汁は別の容器に分ける。

② ①に塩を加え、均等に混ぜる。

③ 鍋に②を入れ、ヘラでかき混ぜながら焦げないように弱火で軽く潰す。

④ バットに広げ、粗熱が取れたらできあがり。
※冷凍で1か月保存可能。使用時は自然解凍。

※小豆のゆで汁はそのままでも、お好みで砂糖を加えて飲んでもおいしい。

ムジゲチャルトック

5色のお餅にココナッツファインをまぶした、かわいらしいお餅です。

〈材料〉

◆15㎝パウンド型

Ⓐ
- ◆もち粉…200g
- ◆塩…2g

Ⓑ
- ◆カボチャ粉…小さじ⅓
- ◆ビーツ粉…小さじ⅔
- ◆ヨモギペースト
    ヨモギ粉…小さじ⅓
    水…小さじ1
- ◆シナモン粉…小さじ½

[ヨモギ生地]
Ⓒ ◆水(常温)…15g
[ヨモギ以外の生地]
Ⓒ ◆水(常温)…20g

- ◆グラニュー糖…40g
- ◆ココナッツファイン…120g
- ◆ごま油…適量

㊗
[ヨモギ生地]
Ⓒ ◆水(常温)…大さじ½～1
[ヨモギ以外の生地]
Ⓒ ◆水(常温)…大さじ⅔～1

〈作り方〉

① ボウルにⒶを入れて軽く混ぜ、5等分してそれぞれボウルに入れる。

② ①にそれぞれⒷを入れて混ぜる。
粉を入れないものは白生地になる。
※色の薄いものから作っていくと、手を洗う回数が減らせる。

③ ②にⒸの水をそれぞれ少しずつ加え、両手のひらで粉と水をすり合わせ、片手で軽く握り、手のひらで2～3回投げてホロリと崩れるくらいの固さになるまで水分を加える。

④ ③をこし器でこす。

⑤ 蒸し器に水を入れて強火にかける。

⑥ 湯が沸騰したら④の生地にそれぞれグラニュー糖を8gずつ加え、下からすくうようにして混ぜ合わせる。

⑦ 蒸し器に濡れふきんを敷き、水で濡らした型を置き、型の中にシナモン生地→ヨモギ生地→ビーツ生地→カボチャ生地→白生地の順に加えて表面を平らにならす。型を上下左右に軽くゆすり、粉と型の間に隙間を作る。

⑧ 中強火で25分蒸す。

⑨ 生地に透明感が出てもっちりとしてきたら火を止め、蒸し器から取り出す。型を外し、ごま油をハケで表面に塗り粗熱が取れたらココナッツファインを全体にまぶし、1㎝幅に切ってできあがり。

パッペギ／ワンドゥペギ 　　　팥배기／완두배기

2種類の豆を使った餅は、上にのせた豆の違いで名前が変わります。
作り方はどちらも同じ手順です。

〈材料〉

◆15cm パウンド型
Ⓐ ┌ ◆もち粉…200g
　　└ ◆塩…2g
◆水(常温)…110g

◆グラニュー糖…40g
◆パッペギ(甘く煮た小豆)…220g
◆ワンドゥペギ(甘く煮たうぐいす豆)…50g
※ワンドゥペギを上にしたい場合は、
　順番と分量を逆にする。

◆ごま油…適量

韓 ◆水(常温)…大さじ2〜4

〈作り方〉

① ボウルにⒶを入れて下からすくうようにして混ぜ合わせる。

② ①に水を少しずつ加え、両手のひらで粉と水をすり合わせ、片手で軽く握り、手のひらで2〜3回投げてホロリと崩れるくらいの固さになるまで水分を加える。

③ ②をこし器でこす。

④ 蒸し器に水を入れて強火にかける。
湯が沸騰してから③にグラニュー糖を加え混ぜ合わせる。

⑤ 蒸し器に濡れふきんを敷き、真ん中に濡らした型を置く。パッペギ100g→④(半量)→ワンドゥペギ50g→残りの④→パッペギ120gを入れ、表面を平らにならしたら型を揺らし、生地と型の間に隙間を作る。

⑥ 中強火で23分蒸す。

⑦ 生地の真ん中に竹串を刺し、粉っぽさがなくなったら火から外し、型から外して餅の表面にごま油を軽く塗る。粗熱が取れたら食べやすいサイズにカットしてできあがり。

韓国の製菓材料店で売っているパッペギとワンドゥペギ。
日本で購入できる近いものは、富澤商店の「しっとり甘納豆(大納言)」「しっとり甘納豆(うぐいす)」がおすすめ。

ヨンヤンチャルトック

黒豆・ナツメ・カボチャなど、栄養たっぷりの具材をのせて。
朝ごはんや軽食にもおすすめのお餅です。

〈材料〉

◆13×13cm型

Ⓐ
- ◆もち粉…200g
- ◆塩…2g

◆水(常温)…110g

Ⓑ
- ◆黒豆煮(p.31)…30g
- ◆カボチャ種…15g
- ◆ヒマワリ種…15g
- ◆ナツメ…3粒
- ◆ゆで小豆…40g
- ◆サツマイモ…30g
- ◆ホバクコジ(p.41)…30g

- ◆三温糖…40g
- ◆ごま油…適量

㊙ ◆水(常温)…大さじ2〜4

〈作り方〉

【下準備】

1 サツマイモはよく洗って皮付きのまま1cm角に切り、鍋に水150㎖・上白糖大さじ½と一緒に6分程ゆでて柔らかくなるまで煮、ザルにあける。

2 ナツメは両端を切り落として種を取り、1cm角切りにする。

① ボウルにⒶを入れて下からすくうようにして混ぜ合わせる。

② ①に水を少しずつ加え、両手のひらで粉と水をすり合わせ、片手で軽く握り、手のひらで2〜3回投げてホロリと崩れるくらいの固さになるまで水分を加える。

③ ②をこし器でこす。

④ 蒸し器に水を入れて強火にかける。湯が沸騰してから③にⒷ(⅓)を入れて混ぜる。三温糖を入れ、下からすくうようにして混ぜ合わせる。

⑤ 蒸し器に濡れふきんを敷き、蒸し器の中に濡らした型を置く。④を入れ、表面を平らにならしたら残りのⒷをバランスよくのせる。型を揺らし、生地と型の間に隙間を作る。

⑥ 中強火で23分蒸す。

⑦ 生地の真ん中に竹串を刺し、粉っぽさがなくなったら火から外し、型から外して餅の表面にごま油を軽く塗る。粗熱が取れたら食べやすいサイズにカットしてできあがり。

飾り餅

お餅の上に、さらにお餅でできた小さなモチーフをのせて見た目のかわいらしさをたのしむ飾り餅。ソルギなどシンプルな餅の上にのせるのが定番です。余った材料で簡単に作れるのもうれしいところ。

お花の飾り餅

お花は飾り餅のなかでも伝統的なモチーフです。とりわけバラは古くから愛されてきました。
クッキー型で作る型抜きのお花は、ソンピョンなどにのせてもかわいらしく仕上がります。

〈材料〉

◆作りやすい分量（6色分）

Ⓐ
- 米粉…85g
- もち粉…35g
- 塩…1.2g

Ⓑ
- （白）色粉なし
- （赤）百年草粉…小さじ⅙
- （茶）シナモン粉…小さじ¼
- （紫）紫芋粉…小さじ¼
- （黄）カボチャ粉…小さじ¼
- （緑）抹茶粉…小さじ¼

Ⓒ 水（常温）…大さじ1½

◆米油…適量

Ⓐ（韓）
- 米粉…90g
- もち粉…30g
- 塩…1.2g

Ⓒ 水（常温）…大さじ⅔

〈作り方〉

① Ⓐをよく混ぜ、6等分し各ボウルに入れる。それぞれⒷを入れ、色むらが出ないようによく混ぜ合わせる。

② ①にⒸを少しずつ加え、両手のひらで粉と水をすり合わせ、片手で軽く握り、ひとかたまりになり手のひらの上でコロコロと転がせるくらい水分が入ったら、こし器でこす。

③ 蒸し器に濡れふきんを敷き、生地を入れ中火で20分蒸す。

④ 米油を敷いたシリコンマットに生地を出し、熱いうちに軍手の上にビニール手袋をはめてよくこねる。

⑤ めん棒で2mm厚に伸ばして型で抜き、成形する。
※余った生地は冷凍庫で2週間保存可能
※使用時は自然解凍

1cmほどの小さなクッキー型は飾り餅にぴったり。

バラの飾り餅の作り方

① 2mm厚に生地をのばす。

② 直径1cmの丸型に型を5枚抜く。

③ ②を少し重なった状態で横一列に並べ、そのままくるくると巻く。

④ ③を半分にカットし、カットした側面を花びらの形に整えてできあがり。

アレンジ飾り餅

現代風にアレンジした飾り餅をご紹介します。お好みのモチーフで飾り餅づくりをたのしみましょう。
最近では韓国のカフェなどでも見かけることが増えてきました。

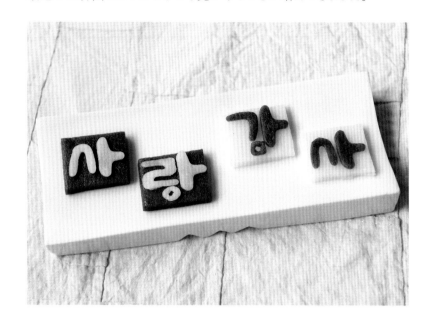

ハングル風飾り餅

材料 〉 ジョルピョン(p.22)に同じ

ハングル文字のクッキー型

作り方 〉 ジョルピョンの作り方で餅生地を作り、めん棒で2mm厚に伸ばしてからクッキー型で抜く。

いろんなモチーフで!

お餅の形は自由自在。ソンピョン(p.64)の作り方を参考に、好きな形に仕上げましょう。

3

焼く餅

지지는 떡

もっちりやわらかな食感がうれしい焼き餅。
油のうまみも手伝って、お茶がすすむお餅です。

こねた後にめん棒や指で薄く伸ばし、
成形してから油で焼く餅。プクミは中
にあんを詰めるので、素朴でなつか
しい甘さがあとを引きます。

ファジョン
作り方はp.56参照

テチュファジョンとナツメ茶
作り方はp.57参照

ファジョン

화전

薄くのばした丸い餅に、お好きな食用花をのせて。

〈材料〉

◆約15枚(直径3㎝)

[白生地]

Ⓐ
- もち粉…45g
- 塩…0.5g
- グラニュー糖…9g

◆**熱湯…30g**

[赤生地]

Ⓐ
- もち粉…45g
- 塩…0.5g
- 紅麹粉…小さじ⅛
- グラニュー糖…9g

◆**熱湯…30g**

[緑生地]

Ⓐ
- もち粉…45g
- 塩…0.5g
- ヨモギペースト
  - ヨモギ粉…小さじ¼
  - 水…小さじ½
- グラニュー糖…9g

◆**熱湯…25g**

◆エディブルフラワー…15枚
◆米油…適量

※お好みではちみつ、米蜜など

㊌◆**熱湯…大さじ1〜2**

〈作り方〉

① ボウルに白生地、赤生地、緑生地それぞれのⒶを入れ、下からすくうようにして混ぜ合わせる。

② 少しずつ熱湯を入れ、耳たぶ程の固さになるまでよくこねる。乾燥しないよう濡れふきんをして15分寝かせる。

③ 濡らしたキッチンペーパーでエディブルフラワーを軽く拭き、乾燥を防ぐ。

④ ②をそれぞれ12gずつに計量し、指で丸めてからめん棒で5㎜厚に伸ばす。

⑤ ④にエディブルフラワーをのせ、乾燥しないようにラップまたは濡れふきんをかける。

⑥ フライパンに油を敷き、弱火で温めてから⑤をのせて表面にハケで油を塗る。

⑦ 中まで火を通し、途中で一度ひっくり返して上面にも火を入れる(エディブルフラワーと生地が焦げないように注意)。

⑧ 餅が透明になったら火を止めてできあがり。お好みではちみつや米蜜をつけても。

テチュファジョン

대추화전

生地にナツメを入れた焼き餅と、テチュゴを溶いたナツメ茶で
韓国式のお茶の時間をたのしみましょう。

〈材料〉

◆8〜10枚(直径6㎝)

[プレーン生地]

A ┌ ◆もち粉…80g
　　│ ◆塩…0.8g
　　└ ◆グラニュー糖…16g
◆熱湯…55g

[テチュ生地]

B ┌ ◆もち粉…80g
　　│ ◆塩…0.8g
　　└ ◆テチュゴ…8g
◆グラニュー糖…16g
◆熱湯…40〜50g

◆ナツメ…2粒
◆春菊…適量
◆米油…適量

㊙◆熱湯…大さじ2〜3

〈作り方〉

① ファジョンと同じ要領で**A**の生地を作る(ファジョンの工程②まで)。

② **B**を別のボウルに入れてよく混ぜ合わせてからこし器でこし、グラニュー糖を加えて混ぜる。熱湯を大さじ1ずつ加え、滑らかなひとかたまりの生地にする。耳たぶ程の固さになったら濡れふきんをして15分寝かせる。

③ ペティナイフでナツメの両端を落とし、かつらむきして種を取り出し、くるくると丸め、2㎜幅にカットする。春菊はなるべく小さい葉を選び、キッチンペーパーで水気を取る。

④ ①と②をめん棒で6㎜厚に伸ばしてからクッキー型などで丸型に抜き、縦半分に切る。
　※成形中は乾燥予防としてラップか濡れふきんをかけておくとよい。

⑤ ④のプレーン生地とテチュ生地を合わせ、つなぎ目を指でつないできれいな円形にし、ナツメと春菊を飾る。

⑥ フライパンに油を敷き、弱火で温めてから⑤をのせて表面にハケで油を塗る。

⑦ 餅の裏側にほんのり焼き色がついたら生地をひっくり返す。表面に焼き色がつく前に再度ひっくり返して弱火で生地に火を通す(ナツメ、春菊、生地が焦げないように注意)。

⑧ 表面を指で触り、もっちりしてきたら火を止めてできあがり。

{テチュゴ}　ペースト状のテチュゴはお湯に溶かせば、体が温まるナツメ茶に。

〈材料〉

◆ナツメ(韓国産)
　…100g
◆水…2.5ℓ

テチュファジョン③で切り落としたナツメの両端・種も一緒に煮込んでムダなく使いましょう。

〈作り方〉

① ナツメをよく洗い、軽く指で潰し、皮を取り除く。

② 深鍋にナツメと水を入れ、中弱火で1時間煮込む。

③ 一度火を止め、そのまま常温に冷ます。

④ 再び中弱火で2時間ほど煮込み、水分がほぼなくなったらナツメをこし、種と皮を完全にこす。

⑤ フライパンに④を入れ、弱火で焦げないように木ベラで混ぜて水分を飛ばし、こしあん程の固さになったらできあがり。

プクミ／ススプクミ

수수부꾸미

プクミはもち粉で、ススプクミはさらにきび粉を混ぜて淡い茶色に仕上げます。

〈材料〉

◆6～7個（直径6㎝）

[プクミ]
- Ⓐ
  - ◆もち粉…100g
  - ◆塩…1g
  - ◆グラニュー糖…20g
- ◆熱湯…66g

- ◆こしあん…48g
- ◆クコの実…6粒
- ◆松の実…6粒
- ◆米油…適量

- Ⓗ◆熱湯…大さじ3～4

[ススプクミ]
- Ⓐ
  - ◆もち粉…70g
  - ◆高きび粉…30g
  - ◆塩…1g
  - ◆黒糖（粉）…20g
- ◆熱湯…66g

- ◆こしあん…48g
- ◆ナツメ…2粒
- ◆カボチャ種…12粒
- ◆米油…適量

- Ⓗ◆熱湯…大さじ3～4

〈作り方〉

① ボウルにⒶを入れて下からすくうようにして混ぜ合わせる。

② 熱湯を少しずつ入れ、耳たぶ程の固さになるまでよく練り混ぜ、濡れふきんをかけて15分寝かせる。

③ こしあんを8gずつ丸めておく。

④ ②を20gずつに計量し、めん棒で厚さ5㎜、直径6㎝の平らな円を作る。

⑤ フライパンに油を敷き、弱火で温めてから④をのせて表面に油を塗る。

⑥ 餅の裏側にほんのり焼き色がついたら生地をひっくり返し、こしあんを真ん中にのせて生地を半分にたたみ、あんがはみ出ないように包む。

⑦ 生地に火が通って透明感が出てきたら、飾りをのせてできあがり。

4

丸める餅

빚는 떡

手のひらの上で丸く練ってから形を整えます。
シンプルなおだんご状から形のユニークなものまで
さまざまな形がたのしいお餅です。

日本のおだんごや白玉に近い見た目のキョンダンに、お祝いごとのモチーフをかたどったソンピョン。成形も比較的簡単なので、ぜひお子さまや家族みんなで作ってみてください。

キョンダン／ススキョンダン
作り方はp.62〜参照

キョンダン

경단

丸いゆで餅に色とりどりのコムル（まぶし粉）をまぶして仕上げます。
串に刺さず、そのままお皿に盛りつけてもかわいらしい。

〈材料〉

◆30〜35個（約2cm）

Ⓐ
- ◆もち粉…200g
- ◆塩…2g
- ◆グラニュー糖…40g

◆熱湯…130g

◆ごま油…適量

［コムル（まぶし粉）］
- ◆すりごま…30g
- ◆ココナッツファイン…90g
- ◆百年草粉…1g
- ◆抹茶粉…1g
- ◆パッコムル（p.43）…60g

㊙◆熱湯…大さじ6〜8

〈作り方〉

【下準備】
ココナッツファインは30gずつに分け、百年草粉・抹茶粉を入れ混ぜて色をつける。粉を入れないものはプレーンになる。

① ボウルにⒶをすべて入れて軽く混ぜ合わせる。

② 熱湯を少しずつ入れ、耳たぶ程の固さになるまでよく練り混ぜ、濡れふきんをかけて15分寝かせる。

③ ②を8gずつ分けて丸める。乾燥しないようにラップまたは濡れふきんをかけておく。

④ 鍋に水をたっぷり入れ、火にかける。

⑤ 沸騰したら③を入れる。

⑥ 生地が水面に浮いてきたらさらに1〜2分ゆで、冷水に浸けてからザルで水を切る。

⑦ ハケでごま油を少量塗り、コムルをそれぞれまぶしてできあがり。お好みで串に刺しても。

たっぷりの湯の中でキョンダンをゆでる。

キョンダンが浮いてきたら、さらに1〜2分しっかりとゆでる。

ススキョンダン

수수경단

きび粉を混ぜたキョンダン。
小豆粉をまぶし、きびと小豆のやさしい組み合わせを味わいます。

〈材料〉

◆15〜20個(約2cm)

Ⓐ
- ◆もち粉…100g
- ◆高きび粉…40g
- ◆塩…1.4g
- ◆きび砂糖…28g

◆熱湯…90g

［コムル(まぶし粉)］
- ◆砂糖水
  - 砂糖…大さじ3
  - 水…100mℓ
  (手鍋に入れて弱火でややとろみが出るまで火にかける)
- ◆パッコムル(p.43)…50g

㊩◆熱湯…大さじ4〜6

〈作り方〉

① ボウルにⒶをすべて入れて軽く混ぜ合わせる。

② 熱湯を少しずつ入れ、耳たぶ程の固さになるまでよく練り混ぜ、濡れふきんをかけて30分寝かせる。

③ ②を8gずつ分けて丸める。乾燥しないようにラップまたは濡れふきんをかけておく。

④ 鍋に水をたっぷり入れ、火にかける。

⑤ 沸騰したら③を入れる。

⑥ 生地が水面に浮いてきたらさらに1〜2分ゆで、冷水に浸けてからザルで水を切る。

⑦ ⑥を砂糖水にさっとくぐらせ、パッコムルをまぶしてできあがり。

ソンピョン
作り方はp.66〜参照

ソンピョン　　　　　　　　　　　　송편

韓国の中秋の名月に欠かせないお餅。
ご先祖さまに感謝しながら家族みんなで食べる、大切な名節のひとつです。

〈材料〉

❖15〜20個分（3〜4㎝）

Ⓐ
- ❖米粉…170g
- ❖もち粉…70g
- ❖塩…2.4g
- ❖グラニュー糖…48g

［黄色生地］
Ⓑ ❖カボチャ粉…小さじ½

［オレンジ生地］
Ⓑ
- ❖カボチャ粉…2g
- ❖百年草粉…0.5g
- ❖水…小さじ1½

［赤生地］
Ⓑ ❖百年草粉…小さじ⅓

［緑生地］
Ⓑ
- ❖ヨモギペースト
　ヨモギ粉…小さじ½
　水…小さじ1

［茶色生地］
Ⓑ
- ❖ブラックココア粉…大さじ¼
- ❖純ココア粉…小さじ½

［オレンジ・緑以外の生地］
Ⓒ ❖熱湯…30〜35g
［オレンジ・緑生地］
Ⓒ ❖熱湯…25〜30g

- ❖はちみつ…40g
- ❖白すりごま…50g
- ❖黒すりごま…50g

★ごま油、米油…適量
※プレーン生地は米油のみ塗る。

❖飾り餅（p.50）
Ⓐ
- ❖米粉…250g
- ❖塩…2.5g
- ❖砂糖…50g

㊩［オレンジ・緑以外の生地］
Ⓒ ❖熱湯…大さじ1〜2
［オレンジ・緑生地］
Ⓒ ❖熱湯…大さじ1

〈作り方〉

① ボウルにⒶを入れて、軽く混ぜ合わせてから6等分してボウルに入れる。

② 作りたい色の生地のⒷをそれぞれ①のボウルに入れてむらなく混ぜる。
オレンジ生地はⒷの⅔量を入れて色を調整する（レシピは作りやすい分量）。
茶色生地は粉を3:1に分け、多いほうにブラックココア粉、少ないほうに純ココア粉を入れ混ぜておく。
着色粉を入れないのがプレーン生地。

③ ②にⒸを少しずつ加える。プレーン生地→黄色生地→オレンジ生地→赤生地→緑生地→茶色生地の順に熱湯を加えて生地をこね、耳たぶ程の固さになったらラップをして冷蔵庫で15分寝かせる。

④ はちみつを白すりごまと黒すりごまにそれぞれ混ぜる。

⑤ ③の生地をそれぞれ15gに計量し、中に④を入れて成形する（p.67〜69）。この間に蒸し器に水を入れて中火にかける。

⑥ 沸騰したら濡れふきんを敷いた蒸し器にソンピョンをくっつかないようにのせ、中強火で23分蒸す。

⑦ 中まで火が通ったらソンピョンを取り出し、ハケで★をつけてできあがり。

<table>
<tr><td>

成形の
ポイント

</td><td>

さまざまな形があるソンピョン。
どのソンピョンも成形前にあんを詰めてから
それぞれの形に整えます。
作業中に生地にシワが寄ったりひび割れてしまう場合は、
水を手のひらに足しながら成形します。
ただし、水っぽくなりすぎないように注意しましょう。

</td></tr>
</table>

成形前にあんを詰める

① ソンピョンの工程⑤の段階。

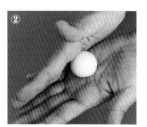
② 両手のひらで丸めて団子状にする。

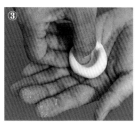
③ 親指が入るぐらいの穴をあけて整える。

④ あんを詰める。

⑤ 端から半分ずつとじるようにして包む。

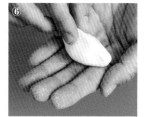
⑥ 指先できれいにとじ合わせる。

⑦ 片手で優しく握り、15〜20回ぐらい手の中で握り、中の空気を抜きながら丸くする。

⑧ あんが詰まった状態。ここから半月型、貝などに成形する。

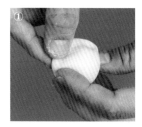
半月型

① 人差し指をあんが入っている方に添え、反対側を指でつまみ形を作る。

② 水餃子のようなきれいな半月型にしてできあがり。

ソンピョン作りは秋の風習

韓国では中秋の名月に家族が集まります。その場に欠かせないソンピョン。餅にすりごまとはちみつで作ったあんを詰めてまん丸に仕上げる過程は、月の満ち欠けを表現しているとも言われています。韓国のおばあちゃん達がソンピョン作りの時に話すのは「あんをぷっくりと詰められれば、頭のいい子が育つ」というエピソード。家族みんなの幸せを願って作るお餅です。

貝

① 2本の指であんの後方を支えてつまみ、反対の下部を指でつまみ引き出す。

② 形が整ったらマジパンスティックで貝の模様をつける。

 ヨモギの葉

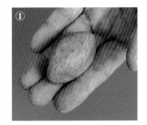
① 両端をつまんで葉の形に整える。

② 形が整ったらマジパンスティックで葉脈をつける。

 カボチャ

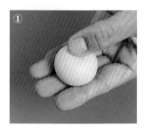
① 親指で押して小さな凹みをつける。

② 凹みをつけたところ。

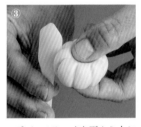
③ マジパンスティックを下から上に動かしてカボチャの模様をつける。

④ 凹みに茶色生地で作ったヘタとカボチャの種を飾る。

 栗

① 濃度の違う茶色生地を2つ用意する。左側の濃い方にあんを10g、右側に5g詰める。

② 手の中で2つの生地を合わせる。

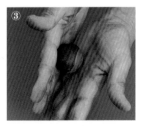
③ 両手のひらですり合わせる。

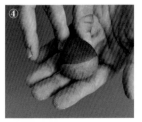
④ 先端を指でつまみ、栗の形にする。

柿

① クッキー型でヘタを抜く。

② あんを詰めて丸めたオレンジ生地に①を重ね、マジパンスティックで穴をあける。

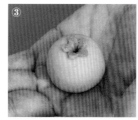
③ 穴があいたところ。

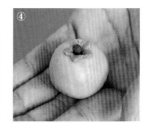
④ 穴に茶色生地で作ったヘタを入れる。

 コッソンピョン　　　　　　　　　　　　　　　　　꽃송편

コッソンピョンは
中にあんの代わりに松の実や
ゆで小豆などを入れます。

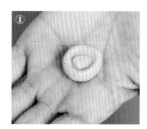
① あんを入れていない生地に松の実を入れる。

② 先端を指の腹でつまみ、生地を包む。

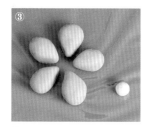
③ ②を5個と白い球（花の中央部分）を作る。

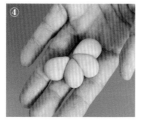
④ 手のひらにのせ、水を使って生地どうしをつなげて花の形を作る。

⑤ 5個をつなげたところ。

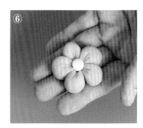
⑥ マジパンスティックで花びらの模様をつけ、白い球をつける。

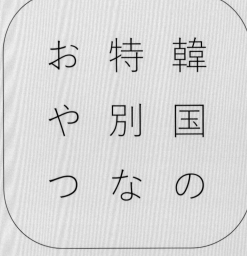

韓国の特別なおやつ

薬果
약과
（やっか）

　薬果は韓国の若い人にも愛されるお菓子。たっぷりの油で揚げ、甘いシロップに漬け込んだ食感は、ドーナッツのようなこってりとした甘さに共通するところがあるかもしれません。

　薬果は韓菓（ハングァ）と呼ばれる伝統的なお菓子のひとつ。伝統的だけれど今も愛される「ハルメニアル」なところは、韓国餅とよく似ています。韓国では実際に、お餅と一緒に薬果が味わえるカフェなども人気です。

　もとはご先祖さまを祀る際のお供え物でしたが、時代が下るにつれて果物からお菓子へと移行していったと言われています。このため、「薬果」「薬菓」両方の表記が今も残っているのです。本書ではもとは果物だったという歴史を尊重して果物の字を使っています。「薬」の文字が入るのは、栄養たっぷりのはちみつや生姜、ごま油が使われているから。この強い甘味こそが、昔は薬になるほど滋養の高いものでした。日本でも市販の薬果を手軽に買うことはできますが、手作りの味はやっぱり格別です。

宮中薬果　　　　　　　　　　　　　　　　　　　　궁중 약과

人気の薬果にもち粉を加えたオリジナルレシピ。
サクサク、しっとり、お好みの食感はシロップの漬け込み時間で決まります。

〈材料〉

◆16〜18個（直径5cm）

A
- 中力粉…200g
- もち粉…70g
- シナモン粉…小さじ½
- 白コショウ…少々
- 塩…小さじ½
- ごま油…大さじ6

B
- はちみつ…大さじ7
- しょうが汁…大さじ2⅔
- 酒…大さじ2⅔

［シロップ］
- 水…150g
- 三温糖…200g
- シナモン粉… 5g
- 米蜜…50g
- 水あめ（韓国産）…50g
  （日本産の場合は25g）
- 生姜…1かけ

〈作り方〉

① シロップの材料を鍋に入れて中火で15分程火にかける。ややとろりとするまで煮詰める。

② **A**をすべてボウルに入れ、ふるいにかける。

③ ②に**B**を入れて切るように混ぜてひとかたまりにする。生地がしっとりとまとまってきたらラップに包み冷蔵庫で30分寝かす。
※水分が足りない場合、しょうが汁をさらに加え（分量外）入れてひとつにまとめる。
※生地が緩くなった時はもち粉を1gずつ加え（分量外）調整する。

④ 型に③を22g入れて抜き（クッキー型の場合は適宜調整する）、裏面にフォークで軽く穴を空ける。

⑤ 140℃の油で揚げる。裏面がほんのりきつね色になり、生地が浮きはじめるまで動かさないようにし、ひっくり返す。全体的にきつね色になってきたら160℃に温度を上げてやや濃いめのきつね色になるまで揚げる。
※ひっくり返す時に生地が崩れないように注意する。

⑥ ⑤を油切りし、温かいうちにシロップに漬ける。サクッとした食感なら30分〜1時間漬け、しっとりとした食感なら3時間〜半日漬け、さらに2〜3時間乾かしてできあがり。

専用の型は韓国の製菓市場やインターネットなどで購入できます。お好みのクッキー型でも。

日本でも韓国スーパーのほか、海外食品を扱う一般のお店でも市販品が入手可能。

食事の韓国餅

韓国餅は食卓を支えてきたソウルフード。お餅を使った料理は、今も家庭や屋台の定番料理としてもおなじみです。本場の味をお餅から手作りしてみませんか。

カレトック（プレーン、えごま粉）

가래떡

〈材料〉

◆1.5㎝×16㎝×各3本

Ⓐ
- ◆米粉…270g
- ◆もち粉…140g
- ◆塩…4.1g

◆水（常温）…180〜200g

◆えごま粉…大さじ2

◆塩水
  　塩…小さじ⅓
  　水…100㎖

★ごま油+米油…適量（1:1で割ったもの）
※お好みではちみつ、米蜜など

㊥ Ⓐ
- ◆米粉…320g
- ◆もち粉…90g
- ◆塩…4.1g

◆水（常温）…大さじ5〜7

〈作り方〉

① ボウルにⒶを入れて下からすくうようにして混ぜ合わせる。混ぜ合わせたら2つのボウルに分け、1つはえごま粉を入れて混ぜておく。

② 2つのボウルそれぞれに水を大さじ1ずつ加え、両手のひらですり合わせるようにして水分を加える。

③ 片手で軽く握り、手のひらで2〜3回投げてホロリと崩れるくらいの固さになるまで水分を加える。

④ 蒸し器に濡れふきんを敷き、プレーンとえごまの2つの生地を入れて中強火で25分蒸す。

⑤ 生地の真ん中に竹串を刺して粉っぽさがなくなったら火から外し、ごま油を塗ったシリコンマットの上に生地を出し、熱いうちに軍手の上にビニール手袋をはめてよくこねる。こねている間に生地が乾燥してきたら適宜塩水を生地につけてこねる。

⑥ 表面がツルツルになってきたら棒状に伸ばし、表面に軽くハケで★を塗ってできあがり。

一度冷凍したカレトックを使う場合は、
水に15分程浸けてから調理してください。

トッコチ
떡꼬치

〈材料〉
◆3人分
◆カレトック(プレーン)…4本
　※細めのもの

[ヤンニョム]
◆ケチャップ…大さじ3
◆コチュジャン…大さじ1
◆水あめ(韓国産)…大さじ1
　(日本産の場合は大さじ½)
◆醤油…小さじ1
◆上白糖…大さじ1½
◆おろしニンニク…小さじ1
◆水…大さじ1½

◆サラダ油…大さじ2

〈作り方〉
① ヤンニョムを混ぜ合わせ、フライパンに入れて弱火で5〜10分炒める。少し色が濃くなり、照りが出る程が目安。

② 5cmに切ったカレトックを約3分ゆで、串に刺す。

③ 温めたフライパンにサラダ油を敷き、②を入れて焼き色をつける。

④ 焼き色がついたらハケで①を塗り、なじませながら中弱火で焦がさないように焼く。ヤンニョムが餅になじんだらできあがり。

〈材料〉
◆2人分
◆カレトック(プレーン)…300g
　※太めのもの

◆オムク(韓国の練りもの)…2枚
◆長ネギ…¼本(3cmの縦切り)

[ヤンニョム]
◆ケチャップ…大さじ3
◆コチュジャン…大さじ2
◆おろしニンニク…小さじ½
◆だし汁(または水)…250cc
◆はちみつ…大さじ2〜3
◆上白糖…大さじ1
◆醤油…大さじ1

◆白ごま…適量

〈作り方〉
① カレトックを約3cmに切る。

② フライパンにヤンニョム材料とオムクをすべて入れ、中火にかける。

③ ②が沸騰したらカレトックと長ネギを入れて柔らかくなるまで煮込む。

④ 焦げないようにときどき混ぜ、盛りつけて白ごまをかけたらできあがり。

屋台トッポギ
떡볶이

ムルトック

물떡

〈材料〉
◆4人分
◆カレトック（プレーン）4本
　※太めのもの

［出汁］
Ⓐ ┌ ◆煮干し…10尾
　 └ ◆水…1.5ℓ

Ⓑ ┌ ◆オムク（韓国の練りもの）…4枚
　 │ ◆大根…¼本
　 └ ◆長ネギ…⅓本
◆青唐辛子…2本

◆ニンニク（すりおろし）…小さじ1
◆クッカンジャン…大さじ1
◆塩…少々

〈作り方〉

【下準備】
① 煮干しは頭とワタを取りフライパンで乾煎りする。
② オムクは熱湯をかけてから串に刺す。
③ カレトックに串を刺しておく。
④ 青唐辛子は種を取り、斜め切りにする。
⑤ 大根は皮をむき、くし切りにする。
⑥ 長ネギは3㎝の縦切りにする。

① 鍋にⒶを入れて15〜20分煮込む。途中でアクが出たら取り除き、煮干しの香りが出てきたら火を止め、ザルでこす。
② 鍋に①とⒷを入れ、沸騰したらニンニクを入れて煮込む。
③ 鍋にクッカンジャンを入れ、塩気が足りなければ塩で調整する。
④ カレトックと青唐辛子を入れて少し煮込んだらできあがり。

チョレンイトック

조랭이떡

〈材料〉
◆22〜25個

Ⓐ ┌ ◆米粉…105g
　 │ ◆もち粉…45g
　 └ ◆塩…1.5g

［プレーン生地］
◆熱湯…25〜30g

［ヨモギ生地］
◆ヨモギペースト
　　ヨモギ粉…小さじ½
　　水…大さじ½
◆熱湯…23〜25g

［カボチャ生地］
◆カボチャペースト…4g
◆熱湯…20g

★ごま油、米油…適量

韓国食品スーパーで売られているレトルトの小豆粥にチョレイントックを加えて。

23

〈材料〉

◆4人分
◆トック(小判型)…400g
　※カレトックを小判形に切ったもの
◆牛骨…500g
◆牛肩ロース肉(かたまり)…200g

[臭い消し]

Ⓐ
◆長ネギ(緑部分)…1本分
◆ニンニク…1かけ
◆生姜…1かけ
◆酒…大さじ3
◆塩…大さじ½
◆黒コショウ(粒)…12粒

◆水…2.5ℓ

Ⓑ
◆長ネギ(白い部分・斜め切り)…50g
◆クッカンジャン…大さじ2

◆塩…少々
◆コショウ…少々
◆コミョン(飾り玉子)…1個分

◆韓国海苔…適量
◆ごま油…適量

〈作り方〉

【下準備】
① よく洗った牛骨を2時間程水に浸け血抜きする(4～5回水を替える)。
② 牛肩ロース肉はキッチンペーパーで余分な血をとってから水で洗い、1時間水に浸け血抜きする(2～3回水を替える)。
③ 卵は白身と黄身に分け、こし器でこし、塩ひとつまみを入れてよく混ぜ、先に白身からフライパンで焦げ目がつかないように薄く焼き、白身・黄身とも2mm×4cmの千切りにする(コミョン)。

① 牛骨と牛肩ロースを別々の鍋に入れ、それぞれ肉がかぶるくらいの水を入れて強火にかけ、沸騰したら流水できれいに洗う。
② 鍋に牛骨・牛肩ロース・Ⓐ・水を入れ強火にかける。
③ 沸騰したら中火にし、アクを取りながら1時間程煮込む。
④ 牛肩ロースを取り出し、2時間ほど中弱火で煮る(フタはしない)。スープにうまみが出てきたらザルでこす。牛肩ロースは1cm×4cmの拍子切りにする。
⑤ トックを沸騰した湯で2～3分ゆで、ごま油をまぶしておく。(作りたてのトックの場合はこの作業は不要)
⑥ 鍋にスープ、④、Ⓑを入れる。
⑦ 沸騰したらトックを入れ、塩・コショウで味を整える。コミョンと刻んだ韓国海苔を盛りつけてできあがり。

トッククッ

떡국

〈韓〉

Ⓐ
◆米粉…150g
◆塩…1.5g

◆熱湯…大さじ1～2

〈作り方〉

① ボウルにⒶを入れ、下からすくうようにして混ぜ合わせてから三等分する。
② ①に熱湯を少しずつ加え、両手のひらで粉と水をすり合わせ、片手で軽く握り、手のひらで2～3回投げてホロリと崩れるくらいの固さになるまで水分を加えてプレーン生地を作り、ヨモギ・カボチャ生地もペーストと熱湯を加え同様に作る。
③ 蒸し器に水を入れて強火にかけ、沸騰したら蒸し器に濡れふきんを敷き、②を入れて中強火で20分蒸す。
④ 生地の真ん中に竹串を刺して粉っぽさがなくなったら火から外し、★を塗ったシリコンマットの上に生地を出し、熱いうちに軍手の上にビニール手袋をはめてよくこねる。
⑤ 雪だるま(ひょうたん)のように成形したらハケで★を塗ってできあがり。

楽園洞
（낙원동）

住所
ソウル特別市鍾路区（チョンノグ）楽園洞（ナグォンドン）

最寄り駅
地下鉄5号線　鐘路3路（チョンノサムガ）駅5番出口　徒歩6～7分

人気の観光スポット・仁寺洞（インサドン）近くにある昔ながらの餅屋街。
ソウル最大の楽器街が中心ですが、50年以上続く食堂や韓屋が多く、お餅以外の食べ歩きもおすすめです。できたてのお餅をその場で食べられる専門店も豊富で、韓国餅好きならぜひ訪れたい場所。お餅を日本に持ち帰るなら、固くなりやすいので旅の最終日に買うのがおすすめ。自宅では冷凍保存し、自然解凍または電子レンジで温めて、早めに食べ切りましょう。

韓国おすすめお餅スポット

芳山総合市場
（방산 종합시장）

住所
ソウル特別市中区東湖路37キル（芳山洞一帯）

最寄り駅
地下鉄5号線　乙支路4街（ウルチロサガ）駅4番出口　徒歩5分
地下鉄1号線　鐘路5街（チョンノオガ）駅7番出口　徒歩5分

紙類や包材、ラッピング用品の市場として有名ですが、市場の中には製菓材料通りがあります。看板はありませんが、鐘路5街から行く場合は7番出口を出て、東湖路（トンホロ）沿いを真っ直ぐ進み、清渓川を越えて芳山総合市場A棟に向かう道で右折した辺りに製菓材料専門店が集まっています。日本の合羽橋のようなイメージで、本書で紹介した韓国餅を作るための道具や着色用の粉などの本場の製菓材料が購入できます。